A Vida de Jesus

A Vida de Jesus

Ilustração: Silvia Forzani

A ANUNCIAÇÃO

DEUS DECIDE ENVIAR UM ANJO À TERRA PARA COMUNICAR À MARIA QUE SEU FILHO NASCERÁ

Em Nazaré, na Galileia, vivia Maria, uma moça humilde, mas muito devota ao Senhor. Seu noivo era José, um carpinteiro da aldeia. Um dia, enquanto a moça estava fazendo seu trabalho diário, um anjo apareceu à sua frente, com lindas vestes e com grandes asas. Era o arcanjo Gabriel, enviado por Deus para fazer um importante anúncio à Maria:
– Te saúdo, ó cheia de graça, o Senhor é contigo, disse ele.
Então, vendo-a amedrontada, continuou:
– Não tenha medo Maria,

O SENHOR TE AMA. EM BREVE VOCÊ DARÁ À LUZ UM FILHO E SEU NOME SERÁ JESUS. ELE SERÁ GRANDE E CHAMADO FILHO DO ALTÍSSIMO.

MARIA FICOU SURPRESA AO OUVIR AQUELAS PALAVRAS, MAS, CONFIANDO NA PALAVRA DO SENHOR, DISSE:

– A VONTADE DE DEUS SEJA FEITA.

ENTÃO, GABRIEL SUBIU EM DIREÇÃO AOS CÉUS.

DO EVANGELHO DE LUCAS

A CAMINHO DE BELÉM

A VIAGEM DO CASAL JOSÉ E MARIA ATÉ O LOCAL ONDE NASCEU JESUS

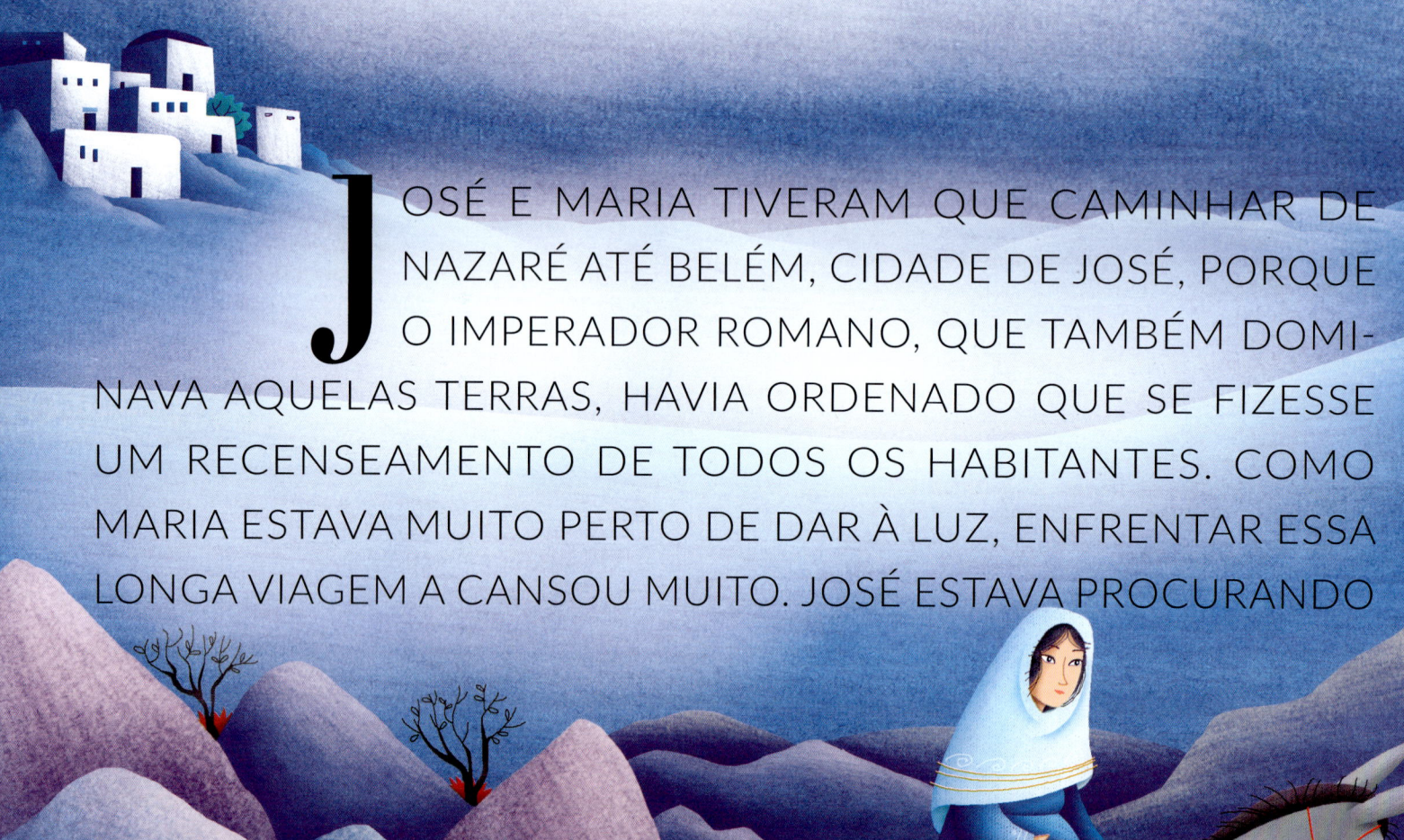

JOSÉ E MARIA TIVERAM QUE CAMINHAR DE NAZARÉ ATÉ BELÉM, CIDADE DE JOSÉ, PORQUE O IMPERADOR ROMANO, QUE TAMBÉM DOMINAVA AQUELAS TERRAS, HAVIA ORDENADO QUE SE FIZESSE UM RECENSEAMENTO DE TODOS OS HABITANTES. COMO MARIA ESTAVA MUITO PERTO DE DAR À LUZ, ENFRENTAR ESSA LONGA VIAGEM A CANSOU MUITO. JOSÉ ESTAVA PROCURANDO

UM LUGAR PARA DESCANSAR, MAS NÃO CONSEGUIU ENCONTRAR NENHUMA ESTALAGEM QUE PUDESSE HOSPEDÁ-LOS. A NOITE CHEGOU, E OS DOIS DECIDIRAM ABRIGAR-SE EM UM ESTÁBULO FORA DA ALDEIA, COM O CALOR DE SEU JUMENTO E DE UM BOI: É AQUI QUE NASCEU JESUS, O SALVADOR DA HUMANIDADE.

DO EVANGELHO DE LUCAS

O NASCIMENTO DE JESUS

O RECÉM-NASCIDO DESPERTA MUITA CURIOSIDADE E AS PESSOAS VÃO ATÉ ELE PARA CONHECÊ-LO

NA NOITE EM QUE JESUS NASCEU, UM ANJO APARECEU AOS HABITANTES DE BELÉM, ANUNCIANDO O NASCIMENTO DO SALVADOR:
– TRAGO-LHES AS BOAS-NOVAS. VOCÊS ENCONTRARÃO UM BEBÊ RECÉM-NASCIDO DENTRO DE UMA MANJEDOURA. É JESUS, VÃO E VEJAM!
E, ASSIM, TODOS, INTRIGADOS E SURPRESOS, CHEGARAM AO ESTÁBULO ONDE JOSÉ, MARIA E O PEQUENO JESUS ESTAVAM,

GRAÇAS À AJUDA DE UMA ESTRELA, QUE LHES MOSTROU O CAMINHO. ATÉ TRÊS REIS MAGOS DO ORIENTE, QUE CHEGARAM À ALDEIA NAQUELES DIAS, PEDIRAM INFORMAÇÕES SOBRE O NOVO NASCIMENTO. ENTÃO, FORAM ADORAR A CRIANÇA, LEVANDO DE PRESENTE OURO, INCENSO E MIRRA.

DO EVANGELHO DE MATEUS

A INFÂNCIA DE JESUS

A CRIANÇA PASSA SUA INFÂNCIA DA MESMA FORMA QUE SEU POVO, PORÉM COMEÇA A ENTENDER SUA VERDADEIRA MISSÃO NA TERRA

EM SEUS PRIMEIROS ANOS DE VIDA, JESUS CRESCEU FELIZ E RODEADO PELO AMOR DE SEUS PAIS. ELE AJUDAVA A MÃE COM AS TAREFAS DOMÉSTICAS, O PAI COM A CARPINTARIA E BRINCAVA COM AS OUTRAS CRIANÇAS. AOS DOZE ANOS DE IDADE, JOSÉ E MARIA DECIDIRAM LEVÁ-LO A JERUSALÉM PARA A FESTA DA PÁSCOA. NO RETORNO A NAZARÉ, DE REPENTE, DESCOBRIRAM QUE JESUS NÃO ESTAVA ENTRE AS PESSOAS QUE VIAJARAM COM ELES. APÓS TRÊS DIAS DE

BUSCAS, ENCONTRARAM-NO NO TEMPLO, SENTADO ENTRE OS SACERDOTES, QUE OUVIAM SUAS PALAVRAS COM GRANDE INTERESSE E CURIOSIDADE. VENDO OS PAIS MUITO PREOCUPADOS, TRANQUILIZOU-OS:
– POR QUE SE PREOCUPAM, QUERIDOS PAIS? NÃO SABEM QUE EU TENHO QUE CUIDAR DAS COISAS DE MEU PAI?

DO EVANGELHO DE LUCAS

O BATISMO DE JESUS

JOÃO BATIZOU SEU PRIMO JESUS ANTES DE COMEÇAR SUA PREGAÇÃO

JOÃO BATISTA, QUE CRESCEU EM NAZARÉ JUNTO COM JESUS, DECIDIU, QUANDO ADULTO, VIVER NO DESERTO, ORANDO E PREGANDO A VINDA DO MESSIAS, AQUELE QUE SALVARIA A HUMANIDADE DO PECADO ORIGINAL. JOÃO ERA UM GRANDE PROFETA E PROPUNHA ÀS PESSOAS QUE O ESCUTAVAM QUE SE PURIFICASSEM PELO BATISMO, NAS ÁGUAS DO RIO JORDÃO. UM DIA, JESUS TAMBÉM DECIDIU SER BATIZADO E, AO SAIR DAS ÁGUAS, VIU

UMA POMBA, QUE ENCARNOU O ESPÍRITO SANTO, DESCENDO SOBRE ELE E OUVIU UMA VOZ QUE DISSE:
– VOCÊ É MEU FILHO AMADO!
ALIMENTADO POR ESSA GRANDE FORÇA, JESUS RETIROU-SE PARA ORAR E MEDITAR POR QUARENTA DIAS NO DESERTO.

DO EVANGELHO DE MARCOS

OS DOZE APÓSTOLOS

JESUS COMPARTILHA A VIAGEM DE SUA PREGAÇÃO COM DOZE PESSOAS MUITO DIFERENTES, CHAMADOS APÓSTOLOS, PALAVRA QUE EM GREGO SIGNIFICA "ENVIADO"

À BEIRA DO MAR DA GALILEIA, DOIS IRMÃOS, SIMÃO (CHAMADO PEDRO) E ANDRÉ, ESTAVAM REALIZANDO SEU TRABALHO DIÁRIO DE PESCADORES, QUANDO JESUS SE APROXIMOU E DISSE:
– VENHAM COMIGO! FAREI DE VOCÊS PESCADORES DE HOMENS!
ENTÃO, ELES O SEGUIRAM. ATÉ OS IRMÃOS TIAGO E JOÃO, QUANDO VIRAM JESUS, DECIDIRAM JUNTAR-SE A ELE. LOGO, MAIS OITO HOMENS

SE JUNTARAM A ELES: MATEUS, FILIPE, TOMÉ, JUDAS ISCARIOTES, BARTOLOMEU, TIAGO DE ALFEU, SIMÃO (O CANANEU) E TADEU.
UM DIA, JESUS PERGUNTOU-LHES:
– QUEM VOCÊS ACHAM QUE EU SOU?
SIMÃO PEDRO RESPONDEU:
– TU ÉS CRISTO, FILHO DE DEUS!
AO OUVIR ESSAS PALAVRAS, JESUS TEVE CERTEZA DE QUE O APÓSTOLO TINHA OUVIDO E SEGUIDO A PALAVRA DE DEUS, POR ISSO ANUNCIOU:
– PEDRO, EU LHE CONFIO AS CHAVES DO REINO DOS CÉUS E SOBRE ESTA PEDRA EDIFICAREI A MINHA IGREJA.

DOS EVANGELHOS DE MARCOS E MATEUS

O CASAMENTO EM CANAÃ

O PRIMEIRO MILAGRE DE JESUS ACONTECE DURANTE UMA FESTA DE CASAMENTO

EM DETERMINADO MOMENTO, DURANTE UMA FESTA DE CASAMENTO EM CANAÃ, UMA CIDADE DA JUDEIA, VEIO A FALTAR VINHO NA MESA. MARIA DISSE A JESUS QUE, EM RESPOSTA, PERGUNTOU-LHE:

– POR QUE ESTÁ ME DIZENDO ISSO?

ELA, DIRIGINDO-SE AOS SERVOS, FALOU:

– FAÇAM O QUE ELE DIZ.

ENTÃO, JESUS OS FEZ ENCHER SEIS GRANDES RECIPIENTES COM ÁGUA E MANDOU LEVÁ-LOS AO CHEFE DA FAMÍLIA QUE, ASSIM QUE PROVOU A ÁGUA, PERCEBEU QUE ERA VINHO E DISSE AO NOIVO:
– O BOM VINHO, GERALMENTE, É SERVIDO PRIMEIRO E, QUANDO ACABA, SERVE-SE O DE MENOR QUALIDADE. VOCÊ MANTEVE O BOM VINHO ATÉ AGORA!
ASSIM, TODOS COMEMORARAM FELIZES.

DO EVANGELHO DE JOÃO

"PAI-NOSSO"

JESUS ENSINA SEUS DISCÍPULOS A ORAR, A CONSIDERAR TODOS IRMÃOS E FILHOS DO MESMO PAI QUE É DEUS

Um dia, Jesus foi até um monte e começou a rezar esta oração em frente a todas as pessoas que o seguiam:

– PAI NOSSO QUE ESTAIS NOS CÉUS, SANTIFICADO SEJA O VOSSO NOME, VENHA A NÓS O VOSSO REINO, SEJA FEITA A VOSSA VONTADE, ASSIM NA TERRA COMO NO CÉU. O PÃO NOSSO DE CADA DIA NOS DAI HOJE, PERDOAI-NOS AS NOSSAS OFENSAS, ASSIM COMO NÓS PERDOAMOS A QUEM NOS TEM OFENDIDO, E NÃO NOS DEIXEIS CAIR EM TENTAÇÃO, MAS LIVRAI-NOS DO MAL. AMÉM!

DO EVANGELHO DE MATEUS

A MULTIPLICAÇÃO DOS PÃES E DOS PEIXES

Jesus, além da pregar, cuida de seu povo. Quando ele vê pessoas com fome, com a ajuda de Deus, procura compartilhar com eles o que tem

Depois de ter ensinado o "Pai-nosso" a todos que tinham ido ao monte, Jesus percebeu que por alguns dias havia faltado alimento. André, um dos discípulos, disse-lhe:

– Tem um menino aqui que tem uma cesta com cinco pães e dois peixes, mas isso não será suficiente para todas essas pessoas!

JESUS RESPONDEU:
– SENTEM-SE TODOS.
EM SEGUIDA, TIROU DO CESTO TANTOS PÃES E PEIXES QUANTO PRECISAVA PARA ALIMENTAR TODA A GENTE. ASSIM, FICOU CLARO QUE JESUS ERA O PROFETA QUE O POVO ESTAVA ESPERANDO.

DO EVANGELHO DE JOÃO

JESUS CAMINHA SOBRE AS ÁGUAS

Depois do milagre dos pães e dos peixes, Jesus se retira para orar e fala com Deus Pai, porém, quando vê seus discípulos em dificuldade, corre, imediatamente, para ajudá-los

Jesus se retirou em oração, enquanto os apóstolos saíram de barco para pescar. De repente, o mar tornou-se, cada vez mais, tempestuoso e perigoso e o vento soprou contra eles. Vendo-os em grande dificuldade, Jesus caminhou em direção a eles, andando sobre as águas, despertando, assim, medo e preocupação.

– Fiquem tranquilos! Sou eu, não temam!, subindo no barco e ficando junto deles. O vento cessou.

Do Evangelho de Marcos

O FILHO PRÓDIGO

ESTA PARÁBOLA, CONTADA POR JESUS AOS SEUS DISCÍPULOS, ENSINA QUE O PERDÃO DEVE SEMPRE SER ACEITO E CONCEDIDO

JESUS CONTAVA HISTÓRIAS AOS SEUS DISCÍPULOS, CHAMADAS DE PARÁBOLAS, PARA QUE ELES APRENDESSEM OS VERDADEIROS VALORES TRANSMITIDOS POR DEUS. ASSIM, ELE CONTOU A PARÁBOLA DO FILHO PRÓDIGO:
– UM HOMEM TINHA DOIS FILHOS. UM DIA, O MAIS NOVO FOI A ELE E DISSE: *"PAI, DÊ A MINHA PARTE DA HERANÇA, QUERO SAIR DE CASA"*. O PAI, MESMO TRISTE COM AQUELA NOTÍCIA, CONCORDOU E DEU-LHE O QUE LHE ERA DE DIREITO. O RAPAZ, NO ENTANTO, PERDEU TODOS OS SEUS BENS EM UM PAÍS DISTANTE E, QUANDO PERCEBEU QUE NÃO TINHA MAIS NADA,

NEM MESMO PARA COMER, DECIDIU VOLTAR PARA CASA. O PAI, EXULTANTE E FELIZ, RECEBEU-O COM UM GRANDE ABRAÇO E FEZ UMA FESTA EM SUA HOMENAGEM, SACRIFICANDO UM BEZERRO GORDO.

QUANDO O FILHO MAIS VELHO SOUBE QUE SEU IRMÃO TINHA VOLTADO PARA CASA E QUE SEU PAI O TINHA RECEBIDO DESSA FORMA, EXCLAMOU: *"PAI, SEMPRE FUI FIEL AO SENHOR, SEMPRE TRABALHEI E OBEDECI, MAS PARA MIM O SENHOR NÃO SACRIFICOU UM ÚNICO BEZERRO PARA PODER FESTEJAR COM MEUS AMIGOS! EM VEZ DISSO, AQUELE QUE DESPERDIÇOU TUDO, FOI RECOMPENSADO COM ESTAS COMEMORAÇÕES".* O PAI, COMOVIDO POR ESSAS PALAVRAS, RESPONDEU-LHE: *"FILHO, TU ESTÁS SEMPRE COMIGO E O QUE É MEU É TEU, MAS FOI NECESSÁRIO COMEMORAR E ALEGRAR-SE, PORQUE ESTE TEU IRMÃO ESTAVA MORTO E VOLTOU À VIDA, ESTAVA PERDIDO E FOI ENCONTRADO".*

DO EVANGELHO DE LUCAS

A ÚLTIMA CEIA

JESUS SE REÚNE COM OS APÓSTOLOS PARA A CEIA DE PÁSCOA, SABENDO QUE SERÁ A ÚLTIMA

ESTAVAM TODOS À MESA E JESUS DISSE:
– EU SEI QUE UM DE VOCÊS VAI ME TRAIR ESTA NOITE.
TODOS COMEÇARAM A OLHAR UM PARA O OUTRO, IMAGINANDO QUEM PODERIA SER. ATÉ JUDAS FINGIU NÃO SABER DE NADA, MESMO SENDO ELE QUEM TINHA VENDIDO SEU MESTRE PARA OS CHEFES DOS SACERDOTES POR APENAS TRINTA DENÁRIOS. JESUS CONTINUA:
– ELE É UM DOS DOZE QUE COME COMIGO. O FILHO DO HOMEM VAI MORRER, COMO ESTÁ ESCRITO, MAS AI DO HOMEM QUE O TRAIU!
TOMANDO O PÃO, O ABENÇOOU E, PARTINDO-O, OFERECEU--LHES, DIZENDO:
– PEGUEM E COMAM, ESTE É O MEU CORPO.
DA MESMA FORMA, ELE TOMOU O VINHO, ABENÇOOU-O, OFERECEU-O A SEUS DISCÍPULOS E DISSE:
– ESTE É O MEU SANGUE, QUE SERÁ DERRAMADO PARA O PERDÃO DOS PECADOS. REPITAM ESTA CEIA EM MEMÓRIA DE MIM.
AINDA HOJE ESTE RITO SE REALIZA DENTRO DA IGREJA E É CHAMADO DE EUCARISTIA OU COMUNHÃO.

DO EVANGELHO DE LUCAS

A TRAIÇÃO

MESMO EM SITUAÇÕES DIFÍCEIS JESUS ENSINA A AMAR O PRÓXIMO E A NÃO CEDER À VIOLÊNCIA E AO ÓDIO

JESUS ESTAVA EM ORAÇÃO NO MONTE DAS OLIVEIRAS, ENQUANTO OS APÓSTOLOS DESCANSAVAM. A CERTA ALTURA, ELE OS ACORDOU, DIZENDO:
– LEVANTEM-SE E VAMOS! AQUELE QUE ME TRAI ESTÁ PERTO.
NA VERDADE, JUDAS CHEGOU COM UM EXÉRCITO DE SOLDADOS ROMANOS ARMADOS, AO QUAL INSTRUIU:

– PEGUEM O HOMEM QUE EU VOU BEIJAR!
ENTÃO, ELE SE APROXIMOU DE JESUS E O BEIJOU. AQUELE ERA O SINAL PARA QUE O EXÉRCITO PRENDESSE O MESTRE. PEDRO TENTOU DEFENDÊ-LO, DESEMBAINHANDO UMA ESPADA E

CORTANDO A ORELHA DE UM ESCRAVO DO SUMO SACERDOTE, MAS JESUS O REPREENDEU DIZENDO:
– COLOQUE A ESPADA DE VOLTA EM SEU LUGAR, POIS TODOS QUE TOMAREM A ESPADA MORRERÃO POR ELA.
ASSIM, JESUS FOI PRESO E OS APÓSTOLOS, ENTRE ELES PEDRO, QUE O NEGOU TRÊS VEZES, FUGIRAM.

DO EVANGELHO DE LUCAS

PÔNCIO PILATOS

PÔNCIO PILATOS, GOVERNADOR DA JUDEIA, DEVE DECIDIR SE DECLARA JESUS INOCENTE E SALVA-O OU O CONDENA À MORTE

NA MANHÃ SEGUINTE, OS SOLDADOS ENTREGARAM O PRISIONEIRO A PÔNCIO PILATOS, QUE LHE PERGUNTOU:
– VOCÊ É O REI DOS JUDEUS?
JESUS RESPONDEU:
– SE TU O DIZES.
ENTRE AS MUITAS ACUSAÇÕES QUE TODOS FAZIAM A JESUS, PILATOS PERGUNTOU-LHES SE QUERIAM SALVÁ-LO OU CONDENÁ-LO. NA VERDADE, TODOS OS ANOS, NA PÁSCOA, UM PRISIONEIRO, ESCOLHIDO PELA MULTIDÃO, ERA LIBERTADO. NAQUELE ANO, ESTAVA PRESO BARRABÁS, QUE TINHA MATADO UM HOMEM DURANTE UMA

REVOLTA. PILATOS PERGUNTOU AO POVO QUEM DOS DOIS QUERIAM LIBERTAR:

– CRUCIFIQUE JESUS, DISSERAM ELES.

DIANTE DE TANTA AGITAÇÃO E TUMULTO, PILATOS DECIDIU LAVAR AS MÃOS DIZENDO:

– NÃO SOU RESPONSÁVEL POR ESTE SANGUE. RESOLVAM VOCÊS!

ASSIM, OS SOLDADOS LEVARAM JESUS, FAZENDO-O USAR UMA CAPA VERMELHA E UMA COROA DE ESPINHOS, PARA FAZÊ-LO PARECER UM REI:

– SALVE, Ó REI DOS JUDEUS!

ZOMBARAM DELE, DEPOIS COLOCARAM UMA CRUZ DE MADEIRA EM SEU OMBRO, PARA QUE JESUS A LEVASSE ATÉ O LOCAL DE SUA MORTE.

DOS EVANGELHOS DE MATEUS E MARCOS

A CRUCIFICAÇÃO

MESMO PREGADO NA CRUZ, POUCO ANTES DE MORRER, JESUS MOSTRA PERDÃO E PIEDADE

No caminho para o local da crucificação, Jesus foi seguido por um cortejo de mulheres que choravam, incluindo Maria:
– Não chorem por mim, mas chorem por vocês e por seus filhos, disse às mães.
Enquanto era crucificado, Jesus falou a seu Pai:
– Pai, perdoe-os, pois eles não sabem o que fazem.
Os soldados continuaram a olhar para Jesus, gritando com ele:
– Se você é mesmo o Rei dos Judeus, salve-se!
Em sua cruz, escreveram INRI, iniciais de palavras latinas que significam "Jesus Nazareno Rei dos Judeus". Depois, puseram mais duas cruzes ao lado dele, com outros prisioneiros.
– Você não é Cristo? Salve-se a si mesmo e a nós, disse um deles.
– Você devia se envergonhar! Recebemos a penalidade certa pelos atos que cometemos, mas ele não fez

NADA, EXCLAMOU O OUTRO, IMPLORANDO A JESUS PARA LEMBRAR-SE DELE NO PARAÍSO. DE REPENTE, A ESCURIDÃO CAIU, O SOL ESCURECEU E A TERRA TREMEU. JESUS OROU A DEUS PELA ÚLTIMA VEZ:
– PAI, EM SUAS MÃOS ENTREGO MINHA ALMA. EM SEGUIDA, MORREU.

DO EVANGELHO DE LUCAS

A RESSURREIÇÃO

Após a sua morte, Jesus ressuscita milagrosamente fazendo com que todos os seus discípulos entendam que ele é, verdadeiramente, filho de Deus.

Na noite do mesmo dia, José de Arimateia, um membro da assembleia de Jerusalém, pediu a Pilatos o corpo de Jesus, a fim de enterrá-lo em um túmulo escavado na rocha. Assim, depois de embrulhá-lo num lençol branco, colocou-o no local designado, o qual foi fechado com uma pedra muito pesada. No dia seguinte, um grupo de mulheres foi até o sepulcro para ungir o corpo de Jesus, perguntando-se como mover aquela pedra grande. Quando elas chegaram em frente à entrada, observaram que a pedra havia sido removida e que dentro do túmulo estava um jovem vestido de branco.

ERA UM ANJO, QUE DISSE A ELAS:
– NÃO TENHAM MEDO, JESUS NÃO ESTÁ AQUI! IDE DEPRESSA CONTAR AOS DISCÍPULOS E A PEDRO QUE O SENHOR RESSUSCITOU DOS MORTOS. ELE VAI A VOSSA FRENTE PARA A GALILEIA. ENTÃO, PEDRO FOI VERIFICAR E, REALMENTE, DENTRO DO SEPULCRO ENCONTROU APENAS OS PANOS. ASSIM, ELE CORREU PARA AVISAR SEUS COMPANHEIROS.

DO EVANGELHO DE MARCOS

A ASCENSÃO

DEPOIS DE RESSUSCITADO, JESUS APRESENTA-SE AOS DISCÍPULOS, QUE SÓ PODEM ESTAR COM ELE POR 40 DIAS. ASSIM, DEPOIS DE ABENÇOÁ-LOS, DESAPARECE NO CÉU

Os apóstolos estavam reunidos para o jantar, quando, de repente, Jesus apareceu entre eles. Vendo-os assustados, disse-lhes:

– Por que estão chateados e por que ainda têm dúvidas? Olhem minhas mãos e pés, toquem-me! Sou eu, de verdade!

Depois de ele ter comido um pedaço de peixe assado, todos acreditaram nele, exceto Tomé, que disse:

– Não acredito que é ele, até tocar em suas feridas!

Então, Jesus o fez tocá-las. Naquele momento, Tomé acreditou e pediu perdão.

No outro dia, Jesus apareceu aos apóstolos, enquanto eles pescavam no lago Tiberíades, e decidiu comprometer-se com Pedro, que acreditava fortemente nele, em suas ovelhas e em seus discípulos. Antes de, finalmente, ascender ao céu, Jesus abençoou os apóstolos e disse-lhes:

– Saiam pelo mundo e preguem as boas-novas!

Dos Evangelhos de Lucas e João

O PENTECOSTES

ESTE DIA ESPECÍFICO, CELEBRADO 50 DIAS DEPOIS DA PÁSCOA, SIMBOLIZA A ALIANÇA ENTRE DEUS E O POVO DE ISRAEL

JESUS HAVIA ENCARREGADO OS APÓSTOLOS DE ESPALHAR A PALAVRA DE DEUS POR TODO O MUNDO, MAS ELES, QUE ERAM, PRINCIPALMENTE, PESCADORES HUMILDES, NÃO SABIAM EM QUE LÍNGUA FAZÊ-LO. COMO ERA DIA DE PENTECOSTES, OS APÓSTOLOS ESTAVAM JANTANDO JUNTOS QUANDO, DE REPENTE, DEPOIS DE UM GRANDE RUGIDO E DE UM VENTO FORTE, CHAMAS APARECERAM SOBRE SUAS CABEÇAS. ELAS REPRESENTAVAM O ESPÍRITO SANTO ENVIADO POR DEUS, DANDO-LHES A OPORTUNIDADE DE SE EXPRESSAREM EM TODAS AS LÍNGUAS DO MUNDO. ENTÃO, PARA ESPANTO DOS POVOS, ELES COMEÇARAM A PREGAÇÃO. ASSIM, TODOS FORAM CAPAZES DE ENTENDER A PALAVRA DE DEUS. MUITAS PESSOAS QUE OUVIRAM ESSAS HISTÓRIAS SE TORNARAM SEGUIDORES DE JESUS CRISTO, ISTO É, CRISTÃOS.

DOS ATOS DOS APÓSTOLOS

ÍNDICE

- 8   A ANUNCIAÇÃO
- 10   A CAMINHO PARA BELÉM
- 12   O NASCIMENTO DE JESUS
- 14   A INFÂNCIA DE JESUS
- 16   O BATISMO DE JESUS
- 18   OS DOZE APÓSTOLOS
- 20   O CASAMENTO EM CANAÃ
- 22   "PAI-NOSSO"
- 24   A MULTIPLICAÇÃO DOS PÃES E DOS PEIXES
- 26   JESUS CAMINHA SOBRE AS ÁGUAS
- 28   O FILHO PRÓDIGO
- 30   A ÚLTIMA CEIA
- 32   A TRAIÇÃO
- 34   PÔNCIO PILATOS
- 36   A CRUCIFICAÇÃO
- 38   A RESSURREIÇÃO
- 40   A ASCENSÃO
- 42   O PENTECOSTES